Eu Amo Minha Mãe Porque...

I Love My Mother Because...

Bilingual Kiddos
PRESS

© COPYRIGHT 2020 BILINGUAL KIDDOS PRESS. ALL RIGHTS RESERVED.

Ela me anima
She cheers me up

com seu grande abraço.

with a big warm hug.

Ela lê para mim

She reads books to me

O seu sorriso ilumina meu mundo

Her smile lights up my world

e faz com que tudo fique bem.

and makes everything okay.

Ela me dá beijinhos em todos os lugares

She kisses me on all the spots

que doem quando eu caio.
that hurt whenever I fall.

Ela me perdoa quando faço bagunça

She forgives me when I make a mess

e não deixa a chuva me pegar.

and makes sure I don't get caught in the rain.

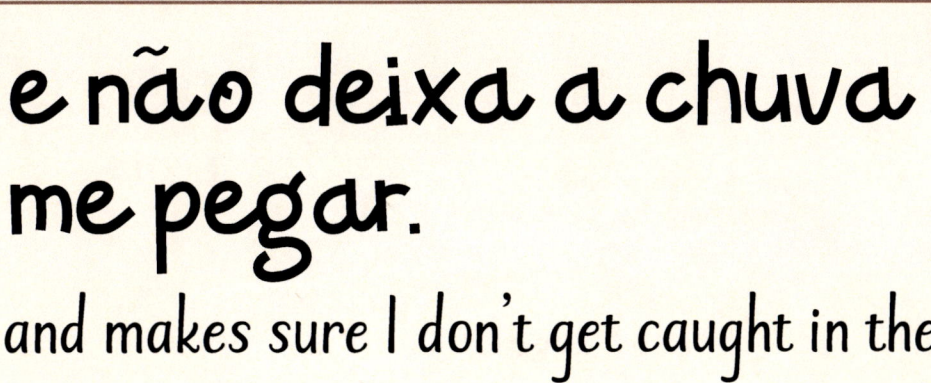

Ela assiste meus programas favoritos comigo

She watches my favorite shows with me

e escuta tudo o que falo.
and listens to my ramblings.

Ela me ensina a andar

She teaches me to walk

e me leva para o parque.

and brings me to the park.

Ela me deixa dormir em cima dela

She lets me sleep on her body

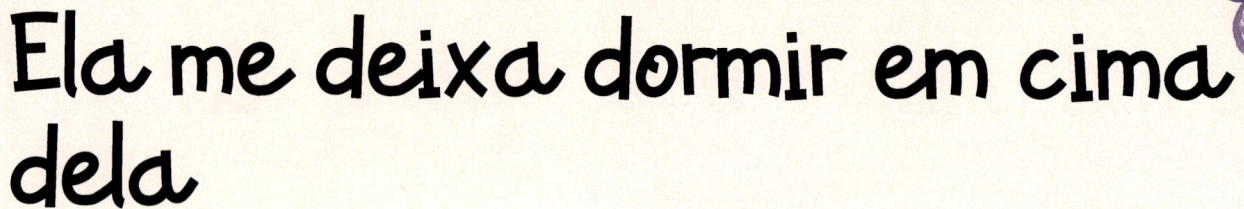

mesmo ela não podendo se levantar.
even though it means she cannot get up.

Ela me diverte o tanto quanto pode

She entertains me as much as she can

mesmo que ela raramente tenha uma boa noite de sono.

even if that means she rarely gets a good night's rest.

Ela me ensina o que é certo e errado

She teaches me the right from wrong

e me dá bons conselhos.
and gives me good advice.

Ela me chama de nomes engraçados

She calls me silly nicknames

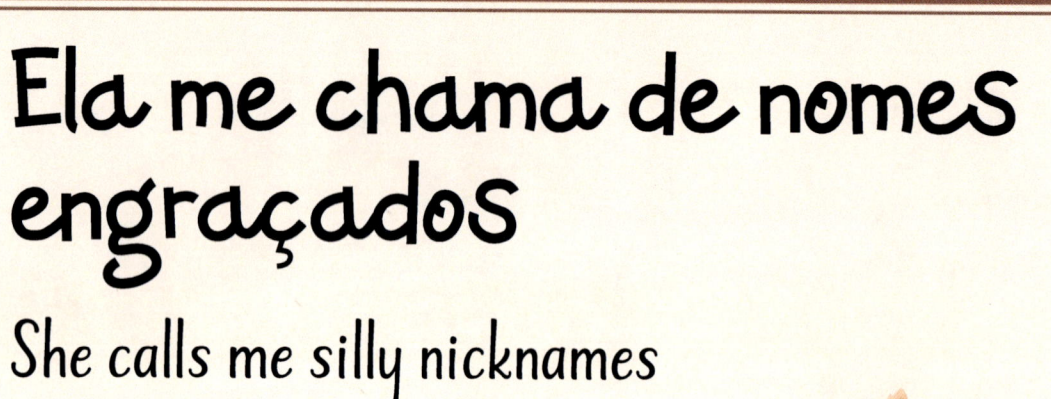

e me faz sentir seguro.
and makes me feel safe.

Ela me deixa comer doces
She lets me snack on desserts

e faz cafés da manhã gostosos.

and makes me yummy breakfasts.

Ela dança comigo
She dances with me

e me leva para fazer aventuras divertidas.

and brings me on fun adventures.

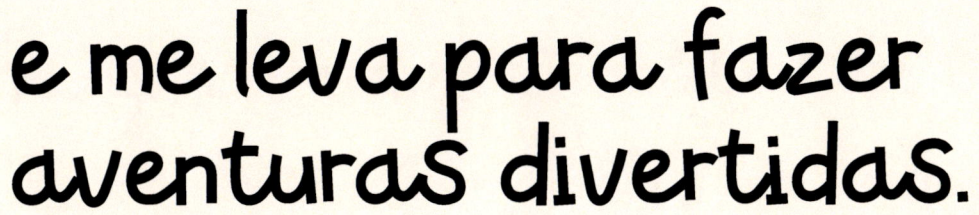

Ela abotoa as minhas roupas
She buttons up my clothes

e me enche de beijos.
and showers me with kisses.

Ela enxuga as minhas lágrimas

She wipes away my tears

e me consola quando choro.
and comforts me when I cry.

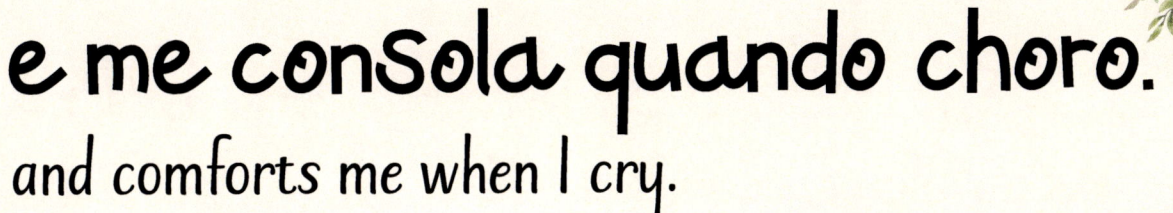

Ela me deixa brincar lá fora
She lets me play outdoors

e me enrola em roupas quentinhas.

and bundles me up with warm clothing.

O meu lar é simplesmente onde ela está

Simply put, home is wherever she is

e é por isso que eu a amo.

and that's why I love her.

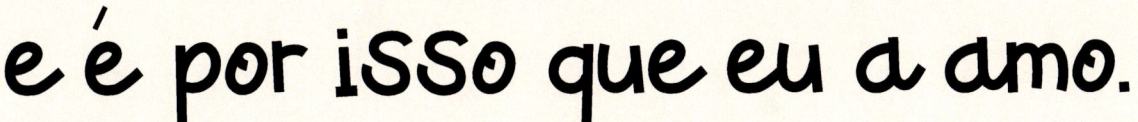

Finalmente, eu amo a minha mãe porque

Last but not least, I love my mother because

ela me amou, mesmo antes de eu chegar neste mundo.

she has loved me even before I came into this world.

If you enjoy this book, please do support us by leaving an honest review on Amazon. Thank you!

Made in the USA
Las Vegas, NV
08 December 2023